AF338036

NOTE

SUR LA

LÉGISLATION ÉLECTORALE

DANS L'INDE

A Messieurs les députés et sénateurs et au gouvernement de la République française.

Dans la séance du 11 novembre 1884, la Chambre des députés a validé l'élection de l'Inde française, en écartant les protestations fondées sur l'inconstitutionnalité de cette élection.

Cependant, elle a invité le gouvernement à « *ne pas rester indifférent* « *en présence de ce fait monstrueux que la très grande majorité des In-* « *dous, dont les noms figurent sur les listes électorales de l'Inde, en partie* « *contribuables étrangers et en partie n'obéissant pas aux prescriptions* « *de la loi française, puissent faire voter des lois qu'ils n'observeront pas* (1). »

Il faut donc admettre que le gouvernement ne restera pas sourd à cette invitation et qu'il se hâtera de remédier au mal signalé.

Il est de notre devoir d'aider à cette solution, en soumettant au gouvernement et à l'opinion publique une étude complète sur l'origine de cette grave anomalie (2).

(1) *Journal officiel*, n° du 12 novembre 1884, page 2011, 2ᵉ colonne, § 7.

(2) « Toutefois, messieurs, et bien que la validation de M. Pierre Alype ne fasse doute pour personne, votre commission croit devoir appeler l'attention du gouvernement sur une grave anomalie qui existe dans le régime électoral des colonies. » — (*Journal officiel*, n du 12 novembre 1884, p. 2011, 2ᵉ col., § 3).

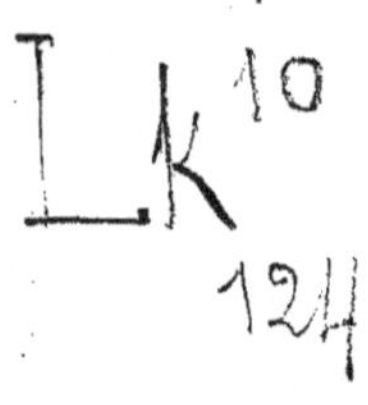

Avant de nous livrer à cette étude, il faut que nous protestions de toutes nos forces contre l'assertion du rapport qui nous prête une accusation contre l'administration locale. Nous n'avons demandé à aucun moment ni dans aucun document d'invalider l'élection de M. Pierre Alype comme entachée de candidature officielle, et nous déclarons hautement que dans toutes les élections qui ont eu lieu dans la colonie depuis 1879, l'administration locale a conservé la neutralité la plus parfaite. Nous tenons à ne pas laisser subsister un pareil soupçon sur le but de notre mission.

Ceci dit, j'aborde l'examen des diverses questions engagées dans l'élection du 21 septembre dernier.

PREMIÈRE QUESTION

*Inconstutionnalité de la promulgation de la loi électorale du 15 mars 1849
dans les colonies.*

Quel est le régime électoral des colonies ?

Des décrets ont promulgué dans les colonies la loi organique du
30 novembre 1875 sur les élections législatives (1) et celle du 15 mars
1849 (2).

Quant à la loi du 7 juillet 1874, elle n'y a pas été promulguée (3). Elle
est cependant le complément nécessaire et essentiel de la loi du
30 novembre 1875, qui en a incorporé les dispositions dans son article
premier (4).

Un décret a-t-il pu substituer ainsi la loi électorale du 15 mars 1849 à
celle du 7 juillet 1874 ? Les listes électorales formées dans ces conditions
ne sont-elles pas entachées d'un vice radical ?

Le régime législatif des colonies est sans doute bien imparfait, cependant il n'est pas entièrement livré à l'arbitraire et aux fantaisies de l'administration. Nous en exposerons tout à l'heure l'économie.

Ce qu'il suffit de remarquer ici, c'est que, quelle que soit cette législation spéciale, elle ne peut régir que le territoire des colonies, mais ne
peut influer en rien sur l'organisation des pouvoirs publics. La com-
position et le mode de nomination de la Chambre des députés intéres-
sent la souveraineté nationale dont elle n'est que la délégation par le
suffrage direct et universel. Aussi toutes les constitutions républicaines

---

(1) Les quatre colonies auxquelles il a été accordé des sénateurs par la loi du 24 février
1875, relative à l'organisation du Sénat, nommeront chacune un député (article 21, loi du
30 novembre 1875).

(2) Décret du 30 juillet 1881, art. 2. — L'élection aura lieu sur les listes électorales ar-
rêtées conformément à la loi du 15 mars 1849 et dans les délais fixés par les arrêtés locaux.

(3) *Journal officiel*, n° 12 novembre 1881, p. 2.010, 3e colonne, § 15.

(4) Les députés seront nommés par les électeurs inscrits: 1° sur les listes dressées en
exécution de la loi du 7 juillet 1874; 2°, etc... (art. 1er, loi du 30 novembre 1875).

ont-elles pris soin de fixer les principes de la souveraineté nationale et d'en régler l'exercice dans ses éléments essentiels (1).

Aucune loi spéciale à telle ou telle partie du territoire ne peut modifier ces lois constitutionnelles et organiques. C'est ce qui se formule assez généralement dans ces termes aussi simples que clairs : on est député de la France avant d'être député de tel arrondissement ou de telle colonie.

Comprendrait-on, par exemple, si la loi du 7 juillet 1874 avait fixé à 25 ans l'âge nécessaire pour l'exercice du droit électoral, comprendrait-on qu'il eût dépendu du pouvoir exécutif de faire appliquer aux colonies la disposition contraire écrite dans la loi du 15 mars 1849 sous prétexte qu'il n'a pas jugé utile de promulguer la nouvelle loi électorale dans les colonies ?

Non, n'est-ce pas ?

Eh bien! concluons qu'en l'absence, dans les lois constitutionnelles et organiques, de toute disposition spéciale aux colonies sur les élections législatives, ce sont les lois du 30 novembre 1875 et du 7 juillet 1874 qui doivent s'y appliquer.

C'est donc à tort et inconstitutionnellement que la loi électorale du 15 mars 1849 a été promulguée dans les colonies à la place de celle du 7 juillet 1874.

Notre protestation à ce point de vue était donc très sérieuse, mais certaines considérations pouvaient être invoquées contre nous. Cette

---

(1) Constitution du 4 novembre 1848. — Art. 1er. — La souveraineté réside dans l'universalité des citoyens français.

Art. 20. — Le peuple français délègue le pouvoir législatif à une assemblée unique.

Art. 25. — Sont électeurs, sans condition de cens, tous les Français âgés de 21 ans et jouissant de leurs droits civils et politiques.

Loi du 15 mars 1849. — Art. 2. — Elle (la liste électorale) comprendra par ordre alphabétique. — 1° Tous les Français, âgés de 21 ans accomplis, jouissant de leurs droits civils et politiques, etc.

Constitution du 25 février 1875. — Art. 1er. — Le pouvoir législatif s'exerce par deux assemblées: la Chambre des députés et le Sénat. La Chambre des députés est nommée par le suffrage universel dans les conditions déterminées par la loi électorale.

Loi organique du 30 novembre 1875 sur les élections législatives. — Les députés seront nommés par les électeurs inscrits: 1° sur les listes dressées en exécution de la loi du 7 juillet 1874; 2° etc.

Loi du 7 juillet 1874 relative à l'électorat municipal. — Art. 5. — Sont inscrits sur la liste des électeurs municipaux tous les citoyens âgés de 21 ans, jouissant de leurs droits civils et politiques et n'étant dans aucun cas d'incapacité prévu par la loi : 1° qui sont nés, etc.

inconstitutionnalité viciait, en effet, également les élections de la Réunion ; or, aucune protestation n'avait été portée à ce sujet devant la Chambre qui, à sa séance du 4 novembre 1881, avait validé MM. de Mahy et Dureau de Vaulcomte, députés de cette colonie. La Chambre pouvait donc se considérer comme liée par un précédent ayant, jusqu'à un certain point, l'autorité de la chose jugée. C'est ce qu'a pensé la commission (1).

Il est d'ailleurs à remarquer que cette validation, en ce qui concerne l'île de la Réunion, ne lésait aucun intérêt et ne portait pas atteinte aux principes de la souveraineté nationale; car, dans cette colonie, la loi du 15 mars 1849 a été régulièrement appliquée, et tous les électeurs inscrits sont des citoyens français, jouissant de leurs droits civils et politiques.

Il pouvait donc y avoir illégalité, mais il n'y avait pas cette monstruosité que le rapporteur signale dans l'élection de l'Inde.

(1) Du reste, dans sa séance du 4 novembre courant, la Chambre a validé, sans contestation, MM. de Mahy et Dureau de Vaulcomte, députés de l'île de la Réunion, et qui ont été élus également en vertu de la loi du 15 mars 1849. — (*Journal officiel*, 12 novembre 1881, 3e colonne, § 20 page 2010).

DEUXIÈME QUESTION.

Violation du décret du 30 juillet 1881 et de la loi du 15 mars 1849.

§ 1er. — Historique du droit électoral dans l'Inde, d'après les Constitutions républicaines.

En quoi consiste la monstruosité signalée dans les élections de l'Inde?

Elle consiste dans la *formation des listes électorales où figurent des Indous, en partie contribuables étrangers et en partie n'obéissant pas aux prescriptions de la loi française.*

Quelle est l'origine de cette monstruosité ?

Est-elle dans la loi du 15 mars 1849, comme paraît le croire M. le rapporteur, qui déclare *que le droit de suffrage a toujours été reconnu à tous les Indous, sans exception et sans distinction :*

1° par le gouvernement de 1848 ;

2° par le gouvernement de la Défense Nationale ;

3° par la loi organique du 30 novembre 1875 ;

4° par la loi électorale du 30 juillet 1881 ?

Il y a là une erreur évidente.

Le suffrage universel qui apparaissait si inopinément, même en France, décrété par le gouvernement provisoire le 5 mars 1848, était étendu, il est vrai, aux établissements français de l'Inde, par l'instruction du 27 avril suivant (1).

Cette instruction ayant force de décret a-t-elle conféré le droit de suffrage à tous les Indous sans distinction ?

Avant de croire à une pareille hérésie législative qui serait en contradiction avec toute notre législation coloniale et créerait, comme l'a re-

---

(1) Elections législatives. — Colonies. — Instruction du gouvernement provisoire pour les élections dans les colonies en exécution du décret du 5 mars 1848.

42° (45). — La présente instruction aura la même force que le décret du 5 mars 1848.

marqué la commission, *une flagrante inégalité avec la situation faite à nos Arabes d'Algérie, qui n'étant pas soumis au droit commun français ne jouissent pas du droit de vote* (1); avant, dis-je, de croire à cette hérésie législative, il convient de lire l'instruction en question. Elle n'a rien dit de semblable.

Le décret du 27 avril 1848 accorde le droit de vote aux citoyens français et aux indigènes naturalisés.

Il prescrit, en même temps, un mode spécial de naturalisation (2).

Ce décret, en facilitant la naturalisation des indigènes, faisait partie de tout un système généreux et humanitaire inauguré par le gouvernement provisoire. C'est ainsi que, même en France, les étrangers étaient appelés au droit de suffrage par une naturalisation plus facile et plus prompte. La naturalisation pouvait s'acquérir par une résidence de cinq années en France. Mais il fallait la demander et l'obtenir du ministre de la justice (3).

Les abus d'une pareille législation n'ont pas tardé à se produire, et le

(1) *Journal officiel*, n° 12 novembre 1881, 2° colonne, § 6.

(2) Elections législatives. — Colonies. — 27 avril 1843.

I. Nombre des représentants. — 1° Le nombre des représentants du peuple à l'Assemblée nationale sera de 3 pour la Martinique, 3 pour la Guadeloupe, 1 pour la Guyane, 3 pour l'île de la Réunion, 1 pour le Sénégal et dépendances, 1 pour les établissements français de l'Inde.

II. Confections des listes électorales. — Nationalité. — 6° (3). La condition d'être né ou naturalisé Français peut se justifier, soit par la possession résultant des votes antérieurs, soit par la représentation des actes de naturalisation délivrés par les gouvernements précédents, lettres d'avis ou autres actes officiels. *Seront dispensés de toute preuve de naturalisation les habitants indigènes du Sénégal et dépendances et des établissements français de l'Inde, justifiant d'une résidence de plus de cinq années dans lesdites possessions*

(3) Naturalisation. — Etrangers. — 28 mars 1848. — Le gouvernement provisoire de la République ;

Attendu que beaucoup d'étrangers ont pris une part active aux glorieux évènements de février ;

Attendu que ces étrangers, quoique résidant en France depuis plusieurs années, n'ont pas accompli ou pu accomplir les conditions exigées par les lois, pour être admis à jouir des droits de citoyens français ;

Attendu que s'il est urgent, tout en respectant les principes de la législation existante, de faciliter la naturalisation des étrangers qui ont des titres certains à l'estime publique, il faut en même temps éviter d'étendre cette mesure à ceux dont la position n'est pas suffisamment établie ;

Décrète : Art. 1er. — Le ministre de la justice est provisoirement autorisé à accorder la naturalisation à tous les étrangers qui la demanderont et qui justifieront, par actes officiels ou authentiques, qu'ils résident en France depuis cinq ans au moins.

pouvoir exécutif, de lui-même, en suspendait les effets, déclarant qu'il ne l'appliquerait plus jusqu'à la confection d'une loi sur la naturalisation (1).

Cette loi sur la naturalisation a été votée le 3 décembre 1849 (2) et a abrogé les décrets précédents. Elle a été promulguée dans les Colonies par une loi du 29 mai 1874 (3).

C'est en s'inspirant de ces mêmes idées et par un retour sage à une meilleure législation que la loi électorale du 15 mars 1849 *a enlevé à l'Inde le droit de suffrage qui n'avait été conféré que provisoirement par le décret du 27 avril 1848, et qui n'avait pas en fait été exercé* (4).

Le législateur avait compris, en effet, le danger de ce suffrage accordé à des Indiens qui, en vertu de règlements locaux conformes à une déclaration du gouverneur du 6 janvier 1819 (5), restaient régis par leur statut personnel (6).

Le décret du 27 avril 1848 a donc été abrogé dans toutes ses dispositions contraires à la loi du 15 mars 1849 (7).

---

(1) Avis inséré au *Moniteur* du 29 juin 1848 :

Environ 2.500 naturalisations ont été accordées en vertu du décret du 28 mars dernier. Ces mesures ont pleinement atteint le but que ce décret se proposait. D'un autre côté, il y a tout lieu de croire que la *Nouvelle constitution*, comme les précédentes, *contiendra les dispositions définitives en ce qui concerne les étrangers qui désirent devenir citoyens français*. Dans cet état de choses, le ministre de la justice a jugé qu'il devait suspendre l'exercice du droit provisoire que lui confère ce décret. En conséquence, il ne sera plus statué sur les demandes de naturalisation jusqu'à ce que la législation soit définitivement fixée sur ce point important.

(2) Voir cette loi sous l'art. 7 du Code civil. Code Tripier.

(3) Colonies, Etrangers, naturalisation. Loi qui déclare applicables aux colonies les lois du 3 décembre 1849 et du 29 juin 1867 sur la naturalisation et le séjour des étrangers en France. (Bull. off. 206, n° 3115).

(29 mai 1874). — Promulgué au *Journal officiel* du 10 juin.

Art. 1er. — Les lois du 3 décembre 1849, et du 29 juin 1867 sur la naturalisaton et le séjour des étrangers en France, sont déclarées applicables aux colonies.

(4) Le député élu en 1848 n'a pas siégé et les listes électorales établies à cette époque n'existent plus.

(5) Article 10 du titre II du règlement du 30 décembre 1769. Arrêté du gouverneur du 6 janvier 1819.

(6) La commission constate qu'il y a encore aujourd'hui 50,000 électeurs musulmans ou indous, ayant conservé leurs us et coutumes et n'obéissant pas au droit commun français (*Journal officiel*, 12 novembre 1881, 2e colonne, § 4, page 2011).

(7) Loi du 15 mars 1849.

Art. 124. — Les lois antérieures sont abrogées en ce qu'elles ont de contraire aux dispositions de la présente loi.

Le droit de suffrage était ainsi enlevé dans les établissements, français de l'Inde, aux Français et aux Indiens naturalisés. Les listes électorales provisoirement dressées n'avaient plus d'objet, et le mode spécial de naturalisation imaginé pour l'exercice du droit électoral, était abrogé.

Voilà ce qui s'est passé sous la République de 1848.

Pendant toute la durée de l'Empire, les établissements français de l'Inde n'ont pas joui du droit de suffrage (1).

Le Gouvernement du 4 septembre, comme celui de 1848, prenant les affaires dans un moment de commotion nationale et n'ayant le temps de faire ni une loi électorale ni une constitution coloniale (toujours promise et toujours différée même par les gouvernements définitifs), a remis purement et simplement en vigueur la loi du 15 mars 1849, par les décrets des 8 et 15 septembre 1870 pour la France et du 10 septembre 1870 pour les colonies (2). Il ne donnait pas à l'Inde le droit électoral plus que l'Empire, que la Monarchie, que la première République et il ne serait pas venu pour cela à la pensée des Indiens que la France mît en doute *leur attachement séculaire*, pour répéter les sympathiques expressions de l'honorable rapporteur (3).

Ce n'est que par le décret du 1er février 1871, § 4, qu'un

(1) Corps législatif, élections. — Décret organique pour l'élection des députés au Corps législatif, 2 février 1852.

Art. 1er. § 2. — L'Algérie et les colonies ne nomment pas de députés au Corps législatif.

(2) Colonies. — Elections législatives. — Décret portant convocation des collèges électoraux le 10 septembre 1870. — Promulgué le 14.

Le gouvernement de la Défense nationale : — Vu le décret du 8 septembre courant portant que les collèges électoraux sont convoqués pour le dimanche 16 octobre prochain à l'effet d'élire une assemblée nationale constituante ;

Vu la loi électorale du 15 mars 1849 :

— Attendu l'impossibilité matérielle de pourvoir dans ce délai aux opérations préparatoires des élections dans les colonies. — Décrète :

Art. 1er Conformément aux dispositions de l'art. 76 de la loi du 15 mars 1849, les élections de chacune des colonies *désignées au tableau annexé à ladite loi* auront lieu le premier dimanche qui suivra la clôture des listes électorales.

Nota. — Dans le tableau annexé au Décret du 15 septembre 1870 — comme dans le tableau annexé à la loi du 15 mars 1849, — **L'Inde ne figure pas au nombre des colonies appelées à élire des députés.**

(3) C'est, en effet, pour reconnaître l'attachement séculaire des Indiens à la Métropole, que toutes les Constitutions républicaines leur ont donné le droit de suffrage. (*Journal officiel* du 12 novembre 1881, p. 2011, 1re colonne, § 7.

**

député a été donné à l'Inde, et que pour la première fois le droit électoral y a été effectivement exercé (1). Une simple dépêche ministérielle remettait en vigueur et promulguait dans l'Inde la loi du 15 mars 1849.

Ce droit électoral, qui n'était encore que provisoirement accordé à l'Inde, puisqu'il n'y avait pas encore de lois constitutionnelles, a été fortement combattu à l'Assemblée nationale (2), et enfin maintenu à la troisième délibération par la loi organique du 30 novembre 1875, article 21 (3).

La loi électorale de juillet 1881, qui a revisé le tableau des circonscriptions, a conservé un député à l'Inde.

On cherche donc vainement dans les constitutions républicaines et leurs lois organiques, la justification de cette proposition de M. le Rapporteur, à savoir · « *que le droit de suffrage a toujours été reconnu à tous les Indous sans distinction.* » C'est la proposition contraire qui se dégage nettement.

Pour les Indous, le droit de vote est lié, d'une part, à la naturalisation, et d'autre part, à l'exercice des droits civils et politiques.

§ 2. — Illégalité des listes électorales de l'Inde.

1° *Examen de l'arrêté électoral réglant l'exercice du droit de vote.*

Après cet historique du droit électoral dans les établissements français de l'Inde, voyons quelles ont été les pratiques de l'administration dans l'application.

Les collèges électoraux ont été convoqués dans l'Inde, en vertu de la

(1) 1° Algérie: élections. — 2° Colonies: élections. — Décret qui charge les gouverneurs de l'Algérie et des colonies de convoquer les électeurs dans le plus bref délai possible, à l'effet d'élire des députés à l'Assemblée générale. — 1er février 1871 : Le gouvernement de la Défense nationale, considérant qu'il est difficile de fixer dès à présent le jour des élections eu Algérie et aux colonies, etc., etc. — § 4. — Les colonies nommeront le nombre de députés déterminé par le tableau annexé au décret du 15 septembre 1870, *plus un député pvur l'Inde.*

(2) Voir au *Journal officiel* cette discussion.

(3) Art. 21. — Loi du 30 novembre 1875. — Les quatre colonies auxquelles il a été accordé des sénateurs par la loi du 24 février 1875, relative à l'organisation du Sénat, nommeront chacune un député.

loi organique du 30 novembre 1875 et de celle du 15 mars 1849. Cette loi du 15 mars 1849, introduite à tort dans la législation électorale des colonies, comme nous l'avons démontré, a-t-elle au moins été appliquée correctement dans l'Inde, comme elle l'a été dans les autres colonies ?

C'est ici qu'apparaît, et non dans les constitutions républicaines, cette singulière théorie qui fait de tous les Indous des citoyens français, jouissant du droit de vote. Elle est écrite dans un arrêté (1), relatif à la confection des listes électorales, lequel dispose ainsi :

« Sont dispensés de toute preuve de naturalisation pour être portés sur les listes électorales, les habitants indigènes de la colonie, justifiant d'une résidence de plus de cinq années. Sont considérés « *comme Fran-*
« *çais, pour l'exercice du droit électoral, les habitants indigènes qui exer-*
« *cent sur notre territoire, depuis plusieurs années, une industrie, ou dont*
« *la famille y réside, ou qui possèdent des propriétés personnelles, vu la*
« DIFFICULTÉ DE FIXER AVEC CERTITUDE LA NATIONALITÉ D'UN
« GRAND NOMBRE DE NATIFS. »

Ainsi, en présence de la difficulté de fixer avec certitude la nationalité d'un grand nombre de natifs, les voilà tous *Français pour l'exercice du droit électoral.*

Tel est le système de l'administration.

Le décret du 27 avril 1848, abrogé d'ailleurs, n'avait jamais rien dit de pareil. Sous l'empire de ce décret, il était du devoir de l'administration d'écarter des listes électorales, tous les natifs dont la nationalité était douteuse et de n'inscrire que les sujets français, les seuls à qui le décret conférait le bénéfice de la naturalisation.

Quoi ! voici un Indien, sujet anglais. Il exerce sur notre territoire une industrie. Par ce fait seul, il est considéré comme Français pour l'exercice du droit électoral ! ! ! Il y en a cinq mille environ dans cette situation, inscrits sur les listes électorales (1).

Voilà bien ce qui a fait pousser un cri d'indignation à la commission.

Quel cas fait donc l'administration des principes de la souveraineté nationale?

----

(1) 5 août 1872. Instruction de l'ordonnateur aux maires et maniagars de l'Inde française.
(1) Ce sont les contribuables étrangers dont parle la commission.
Journal officiel, n° 12 novembre 1881, 2ᵉ colonne, § 7, page 2011.

Depuis que le suffrage universel a étendu les prérogatives du citoyen français, c'est avec un soin jaloux qu'il convient d'empêcher l'invasion de nos listes électorales par des sujets rebelles à notre civilisation, à nos mœurs, à nos lois; et c'est l'administration qui facilite cette invasion, l'organise, la réglemente. Voilà bien ce qui est monstrueux!

Il importe de remarquer que la population de l'Inde est divisée, au point de vue de l'exercice de certains droits politiques locaux en deux catégories bien distinctes d'électeurs; l'une comprend les Européens, et descendants d'Européens, et l'autre, les indigènes. Cette dernière catégorie comprend elle-même les Indiens soumis à leur statut personnel, et les Indiens y ayant renoncé par des actes spontanés et volontaires pour obéir à la loi française.

Cette question du statut personnel n'a pas peu contribué à obscurcir la question électorale.

Les Indiens, fidèles à leurs us et coutumes, répudiant la loi française, fournissent, avec le système de l'administration, un chiffre de plus de 50,000 électeurs, tandis qu'on compte à peine 8,000 Européens, descendants d'Européens et *Indous de toutes castes ayant renoncé à leur statut étranger* pour obéir aux lois de la France (1).

C'est ainsi que 30,000 électeurs se sont levés pour dire à la France : Nous ne voulons pas de votre loi, nous voulons garder la nôtre. Tous ceux d'entre nous qui renoncent à leur statut personnel pour obéir à la loi française sont des traîtres et des renégats.

De là, entre les indigènes, une hostilité qui arrête l'amélioration progressive désirée par le législateur et retarde l'assimilation.

Il faut bien reconnaître qu'avant la promulgation du décret du 21 septembre 1881, dont il est parlé ci-après, l'exercice du droit civil n'était pas lié nécessairement à l'exercice du droit de vote. Et si, comme on le prétend, *une loi avait donné l'exercice du droit de vote à tous les natifs*, on ne pourrait pas repousser comme frappés d'incapacité électorale les Indiens, par cela seul qu'ils seraient restés attachés à leur statut personnel. Cette situation serait certainement une source de périls et en désaccord avec toute notre législation coloniale. Il faudrait aviser d'urgence à la modifier. Mais dans le présent, ce serait la loi, et il faudrait s'incliner.

(1) *Journal officiel*, n° 12 novembre 1881, 2e colonne, § 4, page 2011.

C'est ce qu'a pensé la commission en validant l'élection, tout en signalant le danger et l'anomalie de la situation.

En avertissant le gouvernement et en l'invitant à agir, la commission n'a eu qu'un tort, c'est de croire que le mal avait sa source dans la loi.

2° La législation spéciale des colonies justifie-t-elle les pratiques de l'administration locale, et notamment le susdit arrêté du 5 août 1872?

Nous avons déjà démontré que les constitutions républicaines ne pouvaient être accusées de la monstruosité signalée par la commission. Trouve-t-elle sa justification dans la législation spéciale des colonies? En d'autres termes, cette réglementation, si bizarre des listes électorales par l'arrêté local du 5 août 1872, *constitue-t-elle la loi pour les établissements français de l'Inde ?*

Il ne faut pas croire que le régime législatif des colonies (si imparfait qu'il soit) permette la violation des principes de souveraineté nationale et justifie tous les abus.

Sous la République, pas plus que sous la Monarchie, une pareille doctrine ne peut se soutenir ; les textes vont le démontrer.

L'article 73 de la Charte de 1814, porte :

« Les colonies seront régies par des lois et règlements particuliers. »

Ce mot *règlements* avait, à tort ou à raison, servi à justifier bien des abus.

La Charte constitutionnelle de 1830 a modifié cette disposition, et l'art. 73 dispose :

« Les colonies seront régies par des *lois particulières.* »

Le régime des lois succédait au régime arbitraire des règlements.

La législation coloniale promise par la Constitution, fut votée le 23 avril 1833. L'article 25 est relatif à l'Inde.

« Les établissement français de l'Inde sont régis par ordonnances du roi. »

Ainsi, jusqu'en 1848, *les habitants des colonies n'avaient que les droits civils et politiques qui leur étaient concédés par des lois spéciales ;* et ces lois spéciales étaient soit des ordonnances, soit des lois proprement dites.

Le gouvernement de la République n'a pas changé de fond en comble cette législation ; il l'a, au contraire, maintenue. Il a expressément déclaré que les colonies françaises n'étaient pas placées sous le régime de la Constitution du 4 novembre 1848 (1), et la discussion de cet article démontre qu'il a été inspiré par les dangers de l'assimilation entre les colonies et la métropole.

Le droit de suffrage direct et universel, et son mode d'exercice ne seront donc accordés aux colonies et organisés que par une loi spéciale, ou par une disposition spéciale d'une loi générale.

La loi organique du 15 mars 1849 s'est occupée des colonies dans ses articles 73 et s., 90 et s. (2).

Elle accorde le suffrage à l'Algérie, aux Antilles, au Sénégal, à la Guyane, à l'Ile de la Réunion et ne *l'accorde pas à l'Inde.*

Le Sénatus-consulte du 3 mai 1854 forme le dernier état de la législation coloniale. L'Inde est régie par des décrets (3).

Le décret du 10 septembre 1870, celui du 1er février 1871 et la Constitution de 1875 ont maintenu la législation coloniale en vigueur sous la seule modification que des députés sont accordés à toutes les Colonies, *y compris cette fois l'Inde.*

Que conclure de tout cela ?

---

(1) Constitution du 4 novembre 1848. — Art. 109. — Le territoire de l'Algérie et des colonies est déclaré territoire français et sera régi par des lois particulières jusqu'à ce qu'une loi spéciale les place sous le régime de la présente Constitution.

Observation. — Le citoyen Henri Didier proposait de substituer à cet article la disposition suivante : « Le territoire de l'Algérie est déclaré territoire français. Il sera régi par la présente Constitution, sauf les réserves et exceptions qui sont déterminées par les lois. — Le territoire des colonies est également déclaré territoire français et sera régi par des lois particulières. » — Appuyé par les citoyens de Rancé et Prébois, mais combattu, au contraire, par le citoyen Dupin, qui a démontré les dangers qu'il y aurait, dans les circonstances actuelles, à établir immédiatement l'assimilation, sauf quelques exceptions, entre l'Algérie et la métropole, l'amendement a été rejeté (séance du 23 octobre, *Moniteur* du 24, p. 2951 et 2952). — Lors de la seconde discussion on a également rejeté un amendement par lequel les citoyens Schœlcher, Pory-Papy, Daine et Mathieu (Louis), proposaient de remplacer les mots « jusqu'à ce qu'une loi spéciale les place sous le régime de la présente Constitution » par ceux-ci : jusqu'à ce que les lois spéciales ramènent successivement au régime complet de la Constitution chacune des colonies et l'Algérie. (Séance du 4 novembre, *Moniteur* du 5, p. 3090-3091).

(2) Art. 90. Chaque département élit au scrutin de liste le nombre de représentants qui lui est attribué par le tableau annexé à la présente loi.

Nota. — **Dans ce tableau ne figure pas l'Inde.**

(3) L'Inde reste régie par des décrets de l'empereur, art. 18.

C'est que les habitants des Colonies ne sont pas entièremeut livrés à toutes les conceptions bizarres de l'autorité locale en matière de législation. Il n'entre pas dans les attributions des gouverneurs, de concéder le droit de vote et la natralisation au premier venu. Les Colonies, en acquérant le droit de vote, n'ont pu l'acquérir que dans les conditions déterminées par la loi électorale.

La première condition, celle qui est essentielle et domine toutes les autres réglementations, c'est celle-ci : le droit de vote ne peut être exercé que par les Français, jouissant de leurs droits civils et politiques.

3° La législation spéciale de l'Inde justifie-t-elle les pratiques de l'administration locale, et notamment ce même arrêté du 5 août 1872 ?

Le régime spécial de l'Inde ne justifie pas davantage cet empiètement de l'autorité locale sur le pouvoir legislatif. Il en fait au contraire mieux ressortir l'illégalité par un contraste saisissant.

C'est d'abord le décret du 27 avril 1848 qui distingue nettement les Français des Indiens. Loin de donner à ces derniers la qualité de citoyens français, il leur donne le moyen de s'élever à cette qualité par un mode spécial de naturalisation, dont l'exercice se trouve soumis au contrôle du pouvoir local.

Les décrets des 13 juin 1872 et 25 janvier 1879 (1), qui sont destinés à introduire une amélioration daus le sort politique des indigènes, leur confèrent certains droits locaux et en organisent l'exercice sur *cette base d'une distinction absolue entre les Français d'une part et les indigènes de l'autre.*

Ainsi tous les natifs, au nombre de plus de 60,000, ne nomment que *onze conseillers natifs*, tandis que les Français, au nombre de 600 à peine, nomment *quatorze conseillers citoyens français.*

(1) Décret du 25 janvier 1879. Portant modification à l'organisation des conseils électifs de l'Inde.

Art. 4. — Pour la formation des conseils électifs, l'administration dresse deux listes des électeurs inscrits, l'une comprenant les Européens et descendants d'Européens, l'autre comprenant les indigènes.

Art. 25. — Le conseil général se compose de 25 membres élus sur des listes distinctes par établissement.

Pour traduire dans une formule plus concise cette législation spéciale basée sur une proportionnalité arithméthique assez bizarre et assez arbitraire, il faut environ *cent natifs* pour valoir *UN Européen*.

Le dernier décret du 21 septembre 1881 (1) affirme cette distinction et l'accentue, en donnant aux natifs le *moyen de devenir citoyens français avec la plénitude des droits civils et politiques*.

Qu'est-ce à dire, si ce n'est que le droit de suffrage n'a jamais été conféré aux Indous en masse et qu'ils n'ont pu et ne peuvent l'acquérir individuellement que par l'effet de la naturalisation ?

Il est bon d'ajouter qu'entre le décret du 27 avril 1848, abrogé par la loi du 15 mars 1849 (art. 124) et le décret du 21 septembre 1881, aucun mode de naturalisation particulier n'avait permis aux Indiens d'acquérir la qualité de citoyens français. Ils étaient soumis au droit commun en matière de naturalisation. La France avait, en 1848, ouvert trop généreusement ses registres civiques aux Indiens qui n'étaient pas prêts à en comprendre le bienfait. Elle les avait fermés trop impitoyablement depuis ; et c'est cette même loi du 15 mars 1849, qu'on nous applique encore aujourd'hui, qui nous mettait hors de la nation française.

Le nombre des conseillers à élire par chaque établissement est fixé ainsi qu'il suit :

	EUROPÉENS ou descendants d'européens.	NATIFS	TOTAL
Pour Pondichéry.	7	5	12
— Karikal.	3	3	6
— Chandernagor.	2	1	3
— Mahé.	1	1	2
— Yanaon.	1	1	2
Totaux	14	11	25

Les électeurs *de la 1re liste* nomment exclusivement les *conseillers européens ou descendants d'Européens*, ceux *de la seconde nomment exclusivement les conseillers natifs.*

(1) Art. 1er. — Dans les établissements français de l'Inde, les natifs des deux sexes de toutes castes et religions, majeurs de 21 ans, pourront renoncer à leur statut personnel dans les formes et aux conditions ci-après déterminées. Par le fait de cette renonciation, qui sera définitive et irrévocable, ils sont régis ainsi que leurs femmes et leurs enfants mineurs par les lois civiles et politiques applicables aux Français dans la colonie.

Nous avons essayé, nous qui aimons la civilisation française, d'échapper aux rigueurs de cette proscription. Nous avons volontairement, spontanément renoncé à notre statut personnel pour obéir à la loi française. — La France ne venant pas à nous, nous sommes allés à elle ; nous avons fait consacrer, comme nous avons pu, notre vie nouvelle ; nous nous sommes présentés devant les greffiers, notaires ou tabellions et nous avons fait dresser procès-verbal de nos renonciations au statut personnel pour nous et nos familles.

Le décret du 21 septembre 1881 est venu enfin nous donner le moyen d'entrer légalement daus la grande famille française (1).

Jusqu'à la promulgation de ce décret, il est donc vrai de dire que tous les documents législatifs locaux ne considéraient aucun natif comme citoyen français, pas même le natif ayant renoncé à son statut personnel pour obéir à la loi française.

Cette législation spéciale nous établissait dans un état d'infériorité et nous cantonnait dans la liste des indigènes sans nous donner le moyen d'en sortir. Seul le décret du 21 septembre 1881 nous donne le rang de citoyens français et abaisse cette barrière dressée par la législation locale sous la forme de la double liste. Mais il n'accorde cet avantage que sous les conditions qu'il détermine.

M. le rapporteur, qui s'est déjà mépris sur l'interprétation des Constitutions républicaines en ce qui concerne l'Inde, n'a pas été plus heureux, quand il a déclaré que le droit de suffrage direct et universel accordé à *tous les Indous sans distinction, est consacré par la note publiée au* Journal officiel *dans son numéro du 4 novembre 1881.*

C'est le décret et non la note, qui a force de loi ; c'est le cas de répéter les paroles de M. Dupin, qui sont encore vraies aujourd'hui. Il justifiait devant la Chambre l'article 73 de la Charte contitutionnelle de 1830 et en indiquait la portée :

« Nous sommes rentrés dans la légalité, en disant que les colonies « sont régies par des lois particulières. Ce dernier mot indique assez que

(1) Art. 9. — Du décret du 21 septembre 1881. — Les renonciations faites antérieurement à la promulgation du présent décret devant les greffiers, notaires ou tabellions, devront être transcrites sur le registre spécial par les soins des parties intéressées ou du ministère public.

Les renonçants pourront renouveler leur renonciation, afin de jouir du bénéfice de l'article 6 et lui faire produire les effets prévus dans les articles 1er et suivants.

« ces lois devront être spéciales, appropriées à l'état des colonies et sou-
« mises à un système progressif d'amélioration. Cela suffira par consé-
« quent pour rassurer tous les habitants des colonies et pour les attacher
« de plus en plus à la métropole ; leurs besoins, leurs griefs ne seront plus
« soumis qu'à l'impartiale investigation du législateur. »

On a peine à comprendre qu'étant donné l'ensemble de la législation spéciale de l'Inde, le rédacteur de la note citée ait parlé d'une espèce de spoliation dont les natifs auraient à souffrir en rentrant dans la légalité.

Le décret du 21 septembre 1881 est conçu dans le même esprit que toute la législation précédente et n'avait pas à enlever aux Indiens un droit de suffrage qu'ils n'avaient jamais eu et qu'ils n'ont exercé qu'illégalement. Il n'y a là aucune spoliation. Pourquoi cette parole malheureuse a-t-elle été jetée dans un pareil débat? Elle est de nature à entretenir l'illusion dans l'esprit des natifs et à rendre plus pénible le retour à la loi.

Qu'est-ce aussi que cette anticipation généreuse (1) par laquelle l'administration prétend avoir conféré des droits aussi importants que ceux du suffrage universel aux habitants de l'Inde qui ne doivent les acquérir que par la loi?

Nous ne voulons pas de ces mesures qui n'ont que l'apparence de la générosité et du libéralisme et qui sont purement arbitraires. Elles ne peuvent qu'obscurcir la question, et quand l'administration prétend nous accorder la prérogative la plus élevée du citoyen français, celle de participer au pouvoir législatif de France, elle paraît n'avoir d'autre but que de nous cacher à nous-mêmes et de cacher à l'opinion publique l'état d'infériorité dans lequel elle nous maintient, quand il s'agit de l'*exercice de nos droits politiques et de la défense de nos intérêts dans notre pays natal.*

Le décret du 21 septembre 1881 ne peut être compromis dans son application par cette note officieuse et l'instruction ministérielle du 14 octobre qu'elle mentionne.

Les natifs sont maintenant avertis ; s'ils résistent aux bienfaisantes

(1) Le gouvernement entend que ce mouvement d'assimilation se produise par le jeu même des libertés politiques accordées aux Indous, et, sans porter atteinte aux droits que, *par une anticipation généreuse, il a concédés, sans distinction, aux habitants de notre colonie. Journal officiel,* 12 novembre 1881, 1ʳᵉ colonne, § 10, page 2011.

intentions du Gouvernement qui leur facilite les moyens de devenir Français, de quoi peuvent-ils se plaindre? S'ils veulent rester dans l'état où ils se trouvaient en 1769, en 1819, c'est-à-dire à l'état de sujets placés sous le protectorat de la France, qu'ils conservent cette situation; rien ne les oblige à en sortir, ils peuvent conserver leurs us et coutumes que la France entend respecter, mais ils n'auront pas les droits que confère seulement la qualité de citoyen français.

Leur résistance à l'assimilation ne peut nous nuire, à nous qui avons renoncé à notre statut personnel et qui entendons jouir de tous les droits civils et politiques des Français sans cette restriction qui, jusqu'ici, nous enfermait dans la liste des indigènes.

CONCLUSION

Nous pensons donc avoir démontré que le décret du 30 juillet 1881 et la loi du 15 mars 1849 ont été violés, que les listes électorales ont été illégalement dressées, et que ni la Législation générale des Colonies, ni la Législation spéciale de l'Inde ne justifient l'arrêté local du 5 août 1872.

L'attention du gouvernement a été appelée par la Chambre sur toutes ces questions. Nous lui soumettons respectueusement ces observations et nous ne doutons pas qu'il ne fasse disparaître les monstrueuses anomalies qui lui ont été signalées.

Paris, le 21 novembre 1881.

S. PONNOUTAMBY.